AF218307

TRUMPI ME ENSEÑA PARA QUÉ SIRVE LA CACA
© Elena Miguel Campos 2025

Edición, Corrección y Maquetación: Palabras de Agua Editorial
Ilustración de Portada: Virginia García Coretti
Primera Edición: Diciembre 2025

ISBN: 979-13-88169-02-1
Depósito Legal: M-28069-2025

Impresión: España

Trumpi

ME ENSEÑA PARA QUÉ SIRVE LA CACA

ELENA MIGUEL CAMPOS

PALABRAS DE AGUA EDITORIAL

—¡Mamá, mamá! ¡Otra vez tengo caca! *Uff...* qué dolor de barriga —le dije a mami.

Me llamo Carlos. Tengo seis años y vivo con mis padres y mis dos hermanas. Tengo el pelo moreno como papá, pero la piel blanquita como la de mami. Hoy me siento fatal. No sé qué me ocurre.

Mi hermana mayor se llama María y tiene diez años. Quizás algunos ya la conocéis. Y mi hermana pequeña se llama Alba. Ella tiene tres añitos. Las quiero mucho a las dos, pero creo que un poco más a Alba. Es como una muñequita de porcelana de las que tiene la abuela Francisca. ¿Sabéis cómo son las muñecas de porcelana? Son blanquitas, con pecas y tienen el pelo rojo con rizos. A mí me encantan, pero cuando voy a casa de los abuelos, la abuela las guarda en un armario. Ella se piensa que no me doy cuenta. Lo hace para que no se las rompamos, y lo entiendo. La porcelana es un material delicado que, si se cae al suelo, se rompe.

A Alba la puedo abrazar como a un peluche. Y siempre tiene ganas de jugar conmigo. Es muy cariñosa.

Mi papá se llama Antonio, y es el dueño de una de las cinco panaderías del pueblo. Él es muuuuuy alto y fuerte. Mi mamá se llama Carmen. Ella es pequeña, delgada y blanquita. Tiene el pelo largo y rubio. Seguramente por eso el cabello de María también es dorado.

Vivimos en una casa de pueblo. A mí me encanta porque desde mi habitación puedo ver las montañas del Bosque Mágico. Bueno, yo no sé si es mágico o no en realidad, pero, para mí, sí que lo es. Una vez María me explicó que se llama Bosque de la Sabiduría. ¿Qué crees que es la sabiduría? Se lo preguntaré a la abuela Francisca, que como lee muchos libros, seguro que lo sabe.

Me gusta ir al colegio. Sobre todo, porque puedo jugar con mis mejores amigos: Jorge y Chema. Jorge es delgado, su piel es pálida y tiene el cabello castaño. Es muy divertido y siempre tiene palabras bonitas para todos. Es como el animador de las fiestas. Sabe qué decirte para que te sientas mejor. Pero yo sé que cuando se encuentra mal, se queda en su casa acariciando a su perrita Nara. Chema es más alto, fuerte y su cabello es moreno. Él no es tan hablador, le gusta más observar. Es un poco gruñón, pero en el fondo tiene buen corazón. A veces, dice palabrotas y luego se arrepiente. Pero no sabe cómo arreglarlo. Yo creo que necesita un buen abrazo. Por eso, cuando viene a casa, se lleva muy bien con mi hermana Alba. Es la única que consigue hacerle sonreír, porque le abraza tan fuerte como a su muñeca. Chema también tiene cosas buenas. Cuando salimos a jugar y correr por la montaña, sabemos que con él vamos a estar a salvo. A veces es un poco bruto, pero siempre soluciona lo que otros no pueden. Yo creo que, con el tiempo, llegará a ser como un bonito diamante.

Estamos en verano. Es una época genial porque no hay cole. Lo mejor es poder quedarse más rato en la cama por las mañanas. Sería genial en invierno, porque aquí hace bastante frío y bajo el edredón se está muy bien.

Y ahora yo, con dolor de barriga. ¡Qué fastidio!

Para la fiesta de San Juan, cada año vamos a cenar a casa de mis amigos. Bueno, en esta ocasión a casa de mi amigo Jorge. De esto hace unos días. Os contaré lo que me pasó.

—Mamá, ¿a qué hora vamos a casa de Jorge? —pregunté.

—En una hora, cariño —contestó mamá.

La casa de Jorge es muy grande. Tiene un patio enorme y, además, piscina.

La fiesta de San Juan es una vez al año. Para esta fecha ya no tenemos colegio y puedo descansar mucho más. Así, mamá y papá dejan que me vaya a dormir más tarde, para así poder ver los fuegos artificiales de la noche.

El abuelo José es genial. Cada año por estas fechas vamos juntos a comprar petardos y cohetes.

Es un poco cascarrabias, pero yo le quiero mucho.

La abuela Francisca es muy tranquila y ayuda en la cena de la fiesta de San Juan. Cada familia lleva comida preparada para compartir. Entre todos organizamos la cena de picoteo y hay mucha variedad. ¡Es genial!

Antes de la cena, estuve jugando con mis amigos Jorge y Chema. Los tres estábamos en el patio de la casa de Jorge. Además, esa tarde, el abuelo me había dado dinero. Y, ¿adivináis qué compré?

Pues sí, gominolas, chocolate y patatitas fritas. Las compré para compartir con mis amigos. Aunque, si os soy sincero, antes de verlos ya me había comido unas cuantas chucherías.

—¡Chicos, chicos! ¿Os apetecen unas gominolas? También traigo chocolate y patatas fritas —exclamé.

—A mí, sí —dijo Jorge.

—Y a mí —contestó Chema.

La verdad es que ya solo quedaba la mitad de la bolsa que había comprado, pero mis amigos no me lo tuvieron en cuenta. Por eso son mis amigos.

Además de jugar y comer gominolas, me encantan los animales. Y Jorge tiene una perrita y un gatito. La perrita se llama Nara. Es de color canela y peludita. ¿Sabéis qué es la canela?

Por si no lo sabéis, os lo voy a contar igualmente. Es un polvo que mamá compra para poner encima del arroz con leche. Está deliciosa. La canela tiene un color marroncito suave.

Nara es suave como mi mantita preferida y es muy inteligente. Es una perrita de agua. Pertenece a esa familia.

El gatito se llama Merlín. Es muy juguetón y travieso. Me encanta acariciar su cabecita y a él que le hagan mimitos. Los padres de Jorge le llamaron como el mago de las películas. Por lo visto, sus padres se dieron su primer beso de novios mientras veían una película de fantasía. Y en ella salía un mago llamado Merlín. Les pareció tan mágico, que fue el principio de su historia.

—Mamá, ¿cuándo nos podemos bañar en la piscina? —pregunté.

—Cariño, dile a Jorge que pregunte a su padre.

Mi amigo Jorge estaba a mi lado y fue corriendo a buscar a su papá, que seguía en el interior de la vivienda.

—Yo ya tengo el bañador puesto —gritó Jorge.

—¡Allá voy yo! Vamos, Chema, tú también —le dije a mi amigo.

Nos tiramos los tres en bomba y salpicamos con agua a la hermana de Jorge.

—Chicos, mira que tenéis espacio y justo os tiráis donde estoy yo tomando el sol —refunfuño ella.

La hermana de Jorge se llama Pilar. Es una chica de dieciséis años. Ella está terminando el instituto y ya se cree mayor. Pasa mucho tiempo mirando vídeos en internet. Jorge dice que ella quiere ser influencer y youtuber. Pero ni él ni yo sabemos lo que significa. Tengo que preguntárselo a mamá, a ver qué me dice.

Pilar quiere ser famosa y salir en redes sociales. Siempre la vemos muy maquillada y preocupada por su pelo. Jorge dice que, en ocasiones, después de comer, la ha visto ir al baño corriendo a vomitar.

¿Porqué será eso? ¿Estará enferma? A mí no me lo parece. Jorge me explicó que su hermana a veces ha de ir al médico por ese motivo. Pero ahora ya está mejor.

—Chicos, salgo un momento de la piscina. Quiero preguntar a mamá qué es ser influencer y youtuber —les dije.

—¡Vale! —contestaron Chema y Jorge.

Al entrar en la cocina de la casa de Jorge vi a mi abuela Francisca muy entretenida y a mamá junto a ella. Las dos son muy guapas, pero, sobre todo, por dentro. Son muy cariñosas. Las quiero mucho.

—Mamá, ¿qué hace una influencer youtuber? —pregunté.

—Cariño, pues creo que hablan por una cámara y explican cosas. Normalmente para vender algo. Puede ser un maquillaje o ropa. También hay personas que explican cosas más útiles, como recetas de cocina sanas. Hay para todos los gustos —me dijo.

—Y, ¿por hacer eso te pagan? —pregunté, extrañado.

—Pues, a algunos les pagan cuando hay muchas personas que los miran. Suelen ser empresas de publicidad. Así consiguen vender más —me explicó mamá.

La verdad es que salí de la cocina bastante pensativo. No creo que eso me guste demasiado de mayor. O quizás si mis amigos me graban subiendo a un árbol o trepando una pared, me vea mucha gente y me llamen de la tele.

No sé, de momento me gusta mucho más la vida real. Compartir con mis amigos y mi familia. En el fondo Pilar se está perdiendo este momento de su vida por un vídeo tonto.

—¡Chicos, allá voy! —grité.

Y salté a la piscina de nuevo. El agua estaba fresquita. El inicio del verano ya se notaba y el calorcito a las seis de la tarde aún era intenso.

No sé cuánto rato pasamos en remojo, pero ya teníamos la piel arrugada. Estuvimos jugando a hacer aguadillas. ¿Sabéis lo que son? Pues yo intentaba meter la cabeza de mis amigos bajo el agua. Y claro, luego ellos iban a por mí. ¡Son geniales!

—¡Chicos, a cenar! —dijo mi abuela.

—¿Ya? Un rato más, por favor —le contestamos al unísono.

—¡Venga! ¡Ahora mismo! Que lleváis toda la tarde a remojo —replicó la abuela.

—¡*Vaaaaaale!* —exclamamos a la vez los tres.

Rápidamente nos secamos y vestimos. Ya estaba preparada una mesa muy larga con muchos platitos. Todo tenía una pinta deliciosa.

Comí las croquetas de la abuela y la tortilla de mamá hasta que ya no podía más. ¡Están buenísimas! Y, además, como ese día éramos muchos, pues ni papá ni mamá vigilaban lo que probaba.

Normalmente no me dejan comer tanto por la noche. ¡Ah! Y tampoco tengo la suerte de jugar con una perrita y un gatito a diario. Así que, a disfrutar.

Después llegó la hora del postre. Mis ojos se abrieron como platos al ver el desfile de bandejas. En la fiesta de San Juan es típica la coca. Es un dulce que hace mi papá en la panadería. La base es muy parecida a un bizcocho blandito. Había de chocolate, de crema y de frutas.

Como me encantan todas las cocas, comí un trozo de cada. ¡Qué delicia!

Y todavía faltaban los fuegos artificiales. Que son unas luces de colores brillantes y preciosos que hacen dibujos en el cielo. Siempre que podáis, id a verlos.

—¡Abuelo! ¿Cuándo tiramos los cohetes y petardos? —pregunté.

—En un rato —contestó el abuelo José.

Mientras los mayores recogían los platos de la mesa, Jorge, Chema y yo comenzamos a bailar siguiendo el ritmo de la música. ¡Todo era genial! Allí estaba con mis mejores amigos y con mi familia disfrutando. Otros niños quizás no tengan esa suerte.

—Carlos, cariño, avisa a papá para que me ayude —me pidió el abuelo.

—Enseguida voy —contesté.

Papá y el abuelo fueron sacando de la bolsa todos los cohetes y los fueron colocando para encender la mecha. La mecha es la punta del cohete por donde se enciende.

Y así, uno a uno, salían disparados hacia el cielo y pudimos ver luces de colores maravillosos. Luego llegó el momento de los petardos. Esos ya no me gustan tanto, porque hacen un ruido terrible. De hecho, en ese momento, la perrita Nara y el gatito Merlín salieron corriendo, asustados.

Yo pienso que se podrían inventar petardos divertidos de colores, pero sin ese ruido. Es una fiesta muy entretenida, pero las mascotas lo pasan muy mal. Son seres muy sensibles que necesitan de nuestro cuidado. ¿Alguien lo habrá pensado?

Una vez escuché a nuestra profesora hablar de varios tipos de contaminación, y estoy convencido de que el ruido lo es.

Fue una fiesta estupenda. La recordaré siempre con ilusión.

Y llegó la hora de ir a descansar. Pero yo no podía dormir. Me dolía mucho la barriga.

Tenía encendida la luz de mi lamparita cuando me pareció ver algo que se movía cerca de la ventana. Me levanté de mi cama y me acerqué. Tenía un poco de miedo, pero mi curiosidad era tan grande, que abrí la ventana.

—¿Cómo te llamas? —pregunté.

—Me llamo Trumpi —me contestó.

—Pero ¿quién eres? —le dije.

—Soy el hada de las cacas, de la familia de las Hadas de la Tierra —me explicó.

Me quedé atónito. Había oído hablar a mi hermana María de las hadas, y siempre había deseado verlas. Y ahora, tenía allí delante a una. ¡Qué hermosa! Su cuerpecito era pequeño y delicado. Y sus alas de color verde y blanco brillante.

—Y, ¿dónde vives, Trumpi? —le pregunté.

—Vivo en el Bosque de la Sabiduría. Está cerca de aquí —contestó.

Trumpi me explicó que en el Bosque de la Sabiduría viven varias familias de hadas. Se llevan muy bien y ayudan a los niños. También me explicó que las hadas tienen una reina. Pero a la reina la han elegido entre todas. Se llama Stella y tiene el poder de sentir cuando un niño tiene problemas.

Resulta que la reina Stella notó que me sentía mal. Pero, para que nos pudiésemos sentir mutuamente, yo tenía que creer en las hadas.

Y al detectar a distancia cuál era mi problema, envió al hada ideal para ayudarme. Y esa era Trumpi.

Yo cada vez me encontraba peor. Trumpi me explicó que pasaría un día un poquito mal, pero que me ayudaría. Resulta que al comer gominolas, chocolates, tortilla, croquetas y pasteles hice una mezcla imposible de digerir. Nuestro cuerpo no necesita tanta comida. Además, algunos de esos alimentos no eran muy saludables. ¿Sabéis cuáles? Pues, sobre todo, los dulces.

El hada de las cacas me contó que es importante lavarse las manos antes de comer y resulta que yo no lo hice. Y eso que estuve jugando y dando besitos a los animalitos. Como yo no sabía lo importante que era lavarse las manos, pues no lo hice. Trumpi me explicó que en los países en los que las personas no se lavan, se ponen más veces malitas.

¿Sabéis lo más alucinante de todo? Que, al parecer, las cacas en sí no son malas. El problema viene de lo que me ocurrió a mí. Que se juntaron bichitos en las manos sucias y mucha comida. Además de algunos alimentos no demasiado saludables.

¿Sabías que a través de la caca se elimina todo aquello que no es bueno para el cuerpo? Es como sacar la basura de lo que no me sirve y me puede hacer daño. Si te fijas bien, verás que los animales también lo hacen.

Además, Trumpi me contó que la naturaleza es muy sabia porque la caca de los animales del bosque sirve para alimentar a la tierra.

En el colegio me han explicado que hay que reciclar. Esa palabra no la entendía y Trumpi me lo explicó también. Resulta que algo que a mí ya no me sirve, sí que puede ser útil para otra cosa. Eso es lo que ocurre con las cacas. Todo lo que eliminan los animales se utiliza para producir fertilizantes que alimentan el suelo.

Ahora, cuando voy con el abuelo a la tienda de herramientas para su jardín, me fijo más. Hay unas bolsitas de tierra con otros materiales y resulta que son cositas que eliminan los animales con las cacas. ¡Qué interesante!

La conversación con Trumpi me fue genial. Aunque, estaba tan cansado, que al final me dormí.

Por la mañana me levanté pronto. Descansé fatal. Fui al baño como seis veces. El cuerpo me ardía. Desde entonces, el olor del café que estaba preparando mamá, me da un asco...

—¡Mami, tengo ganas de vomitar! —grité.

Corrí al baño, levanté la tapa del wc y salieron sapos y culebras disparados por mi boca. Me sentía fatal. No entendía nada.

—Cariño, ¿te sientes mejor? —me preguntó mamá.

—*Bueeno...* Me duele aún la barriga y la cabeza —le respondí.

Mamá me acompañó a mi habitación. Allí me cambié el pijama con el que había dormido por otro más fresquito.

—Cariño, hoy te quedas en la cama, ¿vale? —dijo mamá.

—Vale —acepté.

—Carlos, mi niño, explícame todo lo que comiste ayer —me pidió mamá.

Durante un ratito le expliqué a mamá cómo me zampé la tortilla de patatas, las croquetas y todos los tipos de coca. Además de haber jugado con la perrita Nara y el gatito Merlín, sin haberme lavado las manos antes de la cena.

Mamá llamó a la doctora y en un rato vino a verme. Le conté todo lo que había comido y cómo me encontraba.

La doctora me explicó que no debía comer tanto y mezclar alimentos poco saludables. Y, sobre todo, debía lavarme las manos después de jugar y tocar animales. Al final todo va a la boca. Y resulta que los orificios que tenemos en el cuerpo son por donde se pueden originar las enfermedades. Y por eso yo tenía malita mi barriguita.

—¿Has comprendido lo que te ha explicado la doctora? —me preguntó mamá.

—Sí, mami, lo entiendo —respondí.

Pero yo ya lo sabía porque Trumpi me lo había explicado por la noche. Por eso era el hada de las cacas. También me enseñó que las emociones tienen que reciclarse. Cuando se está triste y asustado, es bueno llorar. Así, con las lágrimas, se elimina el sentimiento de estar mal. Todo eso sale del cuerpo también. Yo lo hice y, entonces, me sentí mucho mejor. ¿Lo habéis experimentado vosotros alguna vez?

Ese día aprendí una gran lección que no olvidaría jamás.

Gracias, Trumpi. ¡Eres muy linda! Te quiero.

COSAS QUE DEBES TENER EN CUENTA:

- Debes tener hábitos saludables en tu vida diaria. Autocuidado.

- Es importante tener una rutina de comidas y evitar picotear alimentos poco saludables.

- Lávate bien manos siempre antes de comer.

- Ten en cuenta ingerir alimentos saludables, que sean coherentes con la estación del año en la que estés.

- Prioriza los alimentos naturales con respecto a los alimentos más procesados.

- Recuerda el reciclaje de nuestros residuos naturales (literalmente la caca) y el reciclaje de tus emociones.

- El ruido fuerte se conoce como contaminación acústica. Afecta a nuestro bienestar y al de nuestras mascotas.

AUTOCUIDADO. SEÑALES DE ALERTA:

- Dolor abdominal.

- Fiebre.

- Caca blanda, a veces con mocos y/o sangre.

- Náuseas.

- Vómitos.

EMOCIONES:

Busca en qué momento de la historia Carlos experimenta estas emociones:

Miedo:

Tristeza:

Dolor:

Esperanza:

ELEMENTO DE LA NATURALEZA:

La época del año en la que tiene lugar la historia es el verano. El elemento de la naturaleza que rige el verano es el fuego.

El fuego simboliza la chispa o la llama de la vida. Es como la chispa que se enciende en la cocina cuando se quiere preparar un plato de cocina. Es el impulso inicial necesario para llevar a cabo cualquier cosa. También simboliza la motivación, las ganas, el potencial que cada persona tiene en su interior para comenzar algo.

TRUMPI:

Es un hada de la familia de las Hadas de la Tierra. Trumpi se encarga de cuidar el reciclaje de la naturaleza. Con ella nos damos cuenta de que hasta la caca sirve para algo positivo.

También nos enseña la importancia de eliminar todo aquello que ya no nos sirve. De soltar para evolucionar.

Actividades

Haz un breve resumen de la historia...

....

....

....

....

....

....

....

....

....

....

....

....

....

....

....

....

Dibuja a tu personaje favorito

Enumera él/los protagonistas de esta historia y haz una breve descripción de cada uno de ellos...

....

....

....

....

....

....

....

....

....

....

....

....

....

....

....

....

FICHA DEL GRAN LECTOR:

Título del cuento:
....

Autor:
....

Editorial:
....
ISBN:
....

¿Quién narra la historia?
....

Resume la historia en una sola frase:
....
....
....

Dibuja una portada alternativa para esta historia...

Enumera tus cinco cuentos favoritos...

....
....
....
....
....
....
....
....
....
....
....
....
....
....
....
....
....
....

Narra una breve historia donde tú seas el protagonista

....
....
....
....
....
....
....
....
....
....
....
....
....
....
....
....
....
....

....
....
....
....
....
....
....
....
....
....
....
....
....
....
....
....
....
....
....
....
....
....
....
....

Dibuja una portada para tu historia...

Enumera él/los protagonistas de tu historia y haz una breve descripción de cada uno de ellos...

....
....
....
....
....
....
....
....
....
....
....
....
....
....
....

Dibuja a tu personaje favorito...

Actividades propuestas por el profe...

....
....
....
....
....
....
....
....
....
....
....
....
....
....
....
....
....

....
....
....
....
....
....
....
....
....
....
....
....
....
....
....
....
....
....
....
....

....
....
....
....
....
....
....
....
....
....
....
....
....
....
....
....
....
....

....

....

....

....

....

....

....

....

....

....

....

....

....

....

....

....

....

....

....

....

....